BIENHEUREUX
JEAN GABRIEL PERBOYRE

Les livres numériques achetés aujourd'hui, vous ne pourrez plus les lire dans dix ans ?

Thomas de Terneuve

Les livres numériques achetés aujourd'hui, vous ne pourrez plus les lire dans dix ans ?

Edition revue et actualisée en décembre 2013. Disponible en numérique et en papier.

Jean-Luc Petit éditeur – Collection Précisions

Les livres numériques achetés aujourd'hui, vous ne pourrez plus les lire dans dix ans ?

Présentation générale

Non seulement les livres numériques sont chers, non seulement ils nécessitent l'achat préalable d'un appareil onéreux mais en plus, quelle est la durée de vie d'un ebook ? Vous me garantissez combien d'années ?

Pourtant les ebooks à bas prix existent et un tarif raisonnable va s'imposer, une liseuse ne coûte qu'environ cinq livres en papier... (2013 : avec un Kindle à 59 euros, l'avantage financier s'impose)

Mais la question de la durée de lisibilité de l'ebook semble aujourd'hui un frein à l'achat. D'où vient ce questionnement ? Qui a lancé cette idée, placé ce ver dans le numérique fruit ? Qu'en est-il exactement ?

Lectrices et lecteurs peuvent-ils acheter en toute confiance tout livre numérique ? Les ebooks très chers, ceux "verrouillés" par DRM (parfois les mêmes) ne sont pas forcément conseillés...

Analyse, explications...

Thomas de Terneuve

La collection "précisions"

Des livres m'ont persuadé de lancer une collection "précisions" : quand une partie pourrait constituer un "mini ebook", idée sûrement née de la certitude que ce sujet peu traité ailleurs doit générer des recherches ou nécessiterait une information facilement disponible. Publier, c'est aussi rendre visibles des points essentiels que les installés préfèrent ne pas porter à la connaissance du grand public. Il s'agit de domaines pour lesquelles la production d'un livre papier ne saurait être envisagée, tant le lectorat potentiel semble mince. De plus, la faible pagination exige un prix bas.

Naturellement, des opportunistes n'hésitent pas à essayer de faire du fric avec des documents de quelques milliers de signes, parfois même en compulsant des informations "libres de droits", vendus à un prix exorbitant. Les rapaces se jettent aussi sur ce nouvel univers impitoyable du contenu pour liseuses et tablettes !

Un sujet précis, une étude rigoureuse, dont une partie fut déjà publiée chez le même éditeur (si l'idée de départ consistait à extraire des données des précédentes publications, l'expérience montre que chaque bouquin répond à sa propre logique, nécessite un approfondissement, l'ajout de pages inédites), et un tarif symbolique : 99 centimes d'euro. Dix titres sont ainsi programmés pour 2012, un éclairage de l'édition française. Signés Thomas de Terneuve, le nouveau pseudonyme d'un écrivain engagé dans la révolution numérique depuis quelques années...

Un site est "naturellement" né avec cette collection, portail des ebooks francophones à 99 centimes : http://www.99cents.fr

Décembre 2013 : proposer ce livre en papier est devenu possible. En même temps, les livres à 99 centimes sont boudés en France, associés à de la mauvaise qualité... Ainsi ce livre numérique s'est peu vendu à ce prix cadeau. Donc, après révision et mise à disposition en papier, augmentation !

Disons qu'il s'est agi d'une offre promotionnelle en numérique ! Naturellement, le prix de vente restera décent...

D'où vient cette idée de ne plus pouvoir lire les ebooks dans 10 ans ?

Elle est simplement, logiquement, dans l'air ?

Le 4 septembre 2011, Arnaud Nourry, le PDG d'Hachette Livre (Groupe Lagardère, 12% du capital désormais au Qatar), invité de Soft Power (une émission de Frédéric Martel) balançait : « *Je voudrais juste ajouter une petite pique : le numérique c'est formidable mais je suis sûr que dans dix ans, tous les livres que vous avez achetés au format numérique, vous ne pourrez plus les lire. Ça s'est passé dans la vidéo, ça s'est passé dans tous les formats de techno. Achetez des livres.* »

Quelques jours avant l'arrivée du Kindle en France, rien de mieux pour casser l'enthousiasme. Pourtant Amazon a réussi : l'ebook se vend. Certes encore nettement moins que le livre en papier mais on peut parler de "premier boom."

Cette petite phrase semble pourtant être restée, elle a naturellement germé dans les terreaux propices, où l'on cherche de bonnes raisons pour "sauver" le livre en papier.

Déjà la comparaison porte à discussion : « *Ça s'est passé dans la vidéo, ça s'est passé dans tous les formats de techno.* » Il pense aux vieilles cassettes VHS ? Qu'il suffit de convertir en numérique pour enregistrer sur DVD...

Même les politiques sont touchés par cette inquiétude...

J'ai contacté, début 2012, Monsieur le 6ème vice-président du Conseil Général du Lot, Monsieur Gérard Amigues, « Vous êtes chargé de la culture, du patrimoine et des usages informatiques, et qui plus est avez participé au livre *Archives de pierre les églises du Moyen âge dans le Lot*. Vous connaissez donc parfaitement le sujet sur lequel je me permets de vous questionner.

Ce livre *Archives de pierre les églises du Moyen âge dans le Lot*, qui semble intéressant dans sa présentation officielle, est spécifié *"fruit des six années d'inventaire et études scientifiques de l'architecture médiévale du département, menés depuis 2005 par le Conseil général du Lot et la Région Midi-Pyrénées dans le cadre de l'Inventaire général du patrimoine culturel, avec la collaboration de l'Université Toulouse-Le Mirail."*

Ce livre est spécifié *"coécrit sous la direction de Nicolas Bru, conservateur des Antiquités et Objets d'Art, par Gilles Séraphin, architecte du Patrimoine, Maurice Scellès, conservateur en chef du Patrimoine, Virginie Czerniak, maître de conférences en histoire de l'art, Sylvie Decottignies, ingénieur d'études, et Gérard Amigues, vice-président du Conseil général."*
J'ai aussi lu la page 25 de "Contact Lotois", entièrement dédiée à sa publicité.

Et pourtant, je n'en ai trouvé aucune version numérique gratuite.

Toute recherche payée avec l'argent public devrait désormais conduire à une publication gratuite en ebook. C'est la position défendue dans plusieurs de mes e-books. La considérez-vous scandaleuse ?

Gilles Séraphin, Virginie Czerniak, Sylvie Decottignies, semblent donc avoir été payés par leur employeur pour travailler sur cet ouvrage. Il est possible que vous considériez que votre participation ne participe pas de vos fonctions d'élu. Donc est-ce votre contribution qui empêche la mise à disposition gratuite de cet ouvrage collectif ?

Il me semble "surprenant" mais surtout anachronique, que le département offre aux éditions Silvana Editoriale (plus un imprimeur lotois ?) et aux libraires, la possibilité de se partager la majeure partie des 39 euros de cet ouvrage. Pas vous ?»

Sa réponse eut le grand mérite de la clarté : la « *publication a été confiée à un éditeur spécialisé, sous la forme d'un pré-achat lui assurant la viabilité économique du projet. Les auteurs ont été rémunérés dans le cadre de leurs fonctions générales pour les institutions qui les emploient, et non spécifiquement pour la rédaction de l'ouvrage : ils ont concédé leurs droits d'auteurs payants, ce qui a permis de baisser le prix de vente unitaire au profit de l'acheteur.* » Oui, monsieur Gérard

13

Amigues a bien noté au profit de l'acheteur, et non de l'éditeur, et non des libraires. 39 euros, aucun droit d'auteur à payer, un pré-achat par le Conseil Général du Lot ! Un éditeur bien engraissé ! Et des libraires qui toucheront une belle somme !

Mais le plus intéressant, pour ce livre : « *il n'a pas été envisagé de développer de version ebook de l'ouvrage, dans la mesure où cela aurait engendré un coût de développement plus important pour les deux collectivités partenaires, sans garantie de pérennité dans le temps au regard d'évolutions technologiques permanentes pouvant rendre de tels supports rapidement obsolètes.* »

Je lui ai naturellement précisé : « Il est infondé de prétendre "*sans garantie de pérennité dans le temps au regard d'évolutions technologiques permanentes pouvant rendre de tels supports rapidement obsolètes*" au sujet des ebooks. Si vous achetiez mes ebooks, par exemple sur Immateriel.fr, vous obtiendriez un pack multi formats, PDF, epub, mobipocket, pourriez ainsi me lire sur votre Kindle, votre Ipad, et votre ordinateur. Qui plus est, ces ebooks naturellement vendus sans DRM, vous pouvez les transformer au format de votre choix via les logiciels gratuits, genre *Calibre*. »

Qui plus est, il existe une confusion entre "*supports de lecteur*" et "*ebook*". Naturellement le Kindle actuellement à 99 euros ne sera plus commercialisé par Amazon dans dix ans mais qui peut croire que les ebooks vendus aujourd'hui par Amazon ne seront plus lisibles sur la version 5 du Kindle ?

Des problèmes existent : ceux liés aux ebooks verrouillés par DRM

Les témoignages abondent désormais : « Je ne peux pas lire l'ebook que j'ai acheté. » Souvent suivi d'une comparaison avec un livre papier qui peut toujours se lire. Sauf après l'incendie, *ça va de soi*, aurait pu chanter Georges Brassens.

Certains éditeurs de livres numériques verrouillent leurs oeuvres... de peur qu'elles circulent illégalement... Ils les verrouillent au point qu'il est "parfois" indispensable pour les acheteurs de trouver un logiciel cassant ce DRM, car ils ne peuvent même pas les lire sur leur matériel.

Avec les DRM, lire avec des logiciels libres est impossible : car il s'agit de contrôler le nombre de copies...

D'autres problèmes peuvent survenir : lire le livre sous GNU/Linux, Windows ou Mac, avec un appareil sans lecteur CD...

Il existe naturellement une loi qui interdit de déverrouiller les DRM (mais aucune n'interdit de vendre un ebook illisible avec un logiciel libre). Ainsi un livre acheté reste illisible sauf à acheter le matériel préconisé par l'éditeur !

Le monde de la musique est rapidement sorti

du DRM, en comprenant qu'il s'agit d'une impasse. Il suffit aux lectrices et lecteurs de refuser tout DRM, et ils disparaîtront également des ebooks.

DRM ?

DRM, acronyme de « Digital Rights Management », recouvre, selon la formule régulièrement employée, les procédés techniques de protection des droits pour les contenus numériques.

DRM est apparu dans les MP3, avec la conséquence pour les consommateurs de ne plus pouvoir écouter librement la musique achetée. Depuis, les sites musicaux ont compris qu'ils se condamnaient en verrouillant ainsi les produits légalement achetés.

Mais la protection par DRM a de nombreux partisans dans le monde du livre.

« Les éditeurs ne veulent pas s'interdire a priori d'utiliser des DRM. Ces protections vont devenir de plus en plus interopérables et permettent déjà de larges usages : six copies d'un même fichier. Elles ne permettent pas seulement de « verrouiller » les œuvres, mais aussi de définir des usages et des modèles économiques : impression ou non, prêt qui permet de vendre aux bibliothèques... Bref, à la condition de ne pas imposer de contraintes techniques excessives aux lecteurs, elles sont favorables à la création d'un marché du livre numérique en France. »

Le SNE, Syndicat National des Editeurs.

Les paroles d'Arnaud Nourry confrontées à la réalité...

Au sujet du prix des ebooks

Lors du lancement par Sony du *Reader*, le patron de Hachette Livre était très généreux : il avait décidé d'« *offrir un rabais de 10% sur les livres numériques par rapport aux livres imprimés.* » (*Le Point*, 24 octobre 2008 où il ajoutait « *Aux États-Unis, le consensus des éditeurs se situe à - 20 %. Chez nous, c'est - 10 %...* »)

Dans le *bibliobs* du nouvelobs.com, le 27 mai 2010, le même, interrogé à l'occasion de l'arrivée de l'iPad d'Apple en France, « *Aux Etats-Unis, les versions numériques sont vendues 14,99 dollars - ou 12,99 dollars pour les best-sellers - contre de 17 à 30 dollars pour les versions imprimées.*
Soit une réduction de 25% sur les best-sellers, et de quasiment 50% sur les autres titres.
C'est un avantage important mais justifié, puisque les coûts de fabrication sont inférieurs et que la lecture électronique n'est pas naturelle : à prix égal, la plupart des gens préfèrent le papier.
Il faut donc consentir un avantage au lecteur pour déclencher l'achat.
En France, il faut que nous visions pour le numérique des tarifs de 20% à 25% inférieurs aux tarifs des livres traditionnels. »

10%, 20 à 25%... mais avec, quand même, en tête les 50% américains... Et la lucidité sur « *les coûts de fabrication inférieurs.* »

Viser 20 à 25% de remise en sachant pertinemment indispensable de s'adapter pour être rentable à 50%.

La part de marché du livre numérique...

Au moment du rachat de *Numilog*, dans *le Figaro* du 6 mai 2008 : « *Le téléchargement de livres ne représente pas encore grand-chose. D'ici à cinq ans, il pourrait peser entre 1 % et 5 % du marché de l'édition grand public. (...)*

Dans notre métier de l'édition grand public - littérature générale, scolaire, illustré, pratique, jeunesse... -, le livre n'est pas sous la menace d'un transfert numérique massif. Depuis dix ans, les lecteurs n'ont pas montré un appétit débordant pour consommer le livre en format numérique. Ils n'ont pas non plus adopté en masse le cédérom. On continue à apprendre à lire dans des manuels scolaires imprimés. Il faudra au moins deux générations avant de connaître un réel basculement ! »

Quelques mois plus tard, lors de la sortie du Reader de Sony, Arnaud Nourry pourtant partenaire de l'opération, confirmait dans *Le Point*, du 24 octobre 2008 :

« *Aujourd'hui, 0,5 % de notre chiffre d'affaires américain provient de ce secteur émergent. Nous pensons que dans 5 ans, le numérique représentera 5 % de notre activité.* »

Dans le bibliobs du *nouvelobs.com* du 27 mai 2010 :
« Je pense donc que le numérique ne prendra pas plus de 15% du marché de l'édition dans les cinq ans qui viennent.
Et comme ces 15% se répartiront entre de nombreux distributeurs, ils ne représenteront pas une part inquiétante de notre chiffre d'affaires. »

Au premier trimestre, Hachette Etats-Unis avait réalisé 8% de son chiffre d'affaires avec des ouvrages numériques - essentiellement en littérature générale.

Un an plus tard, le communiqué de presse du 3 mai 2011, sur les performances du Premier trimestre 2011, ne rappellerait pas ces chiffres ni prévisions : malgré une baisse du chiffre d'affaires à fin mars (de 9,8 % en données brutes et de 10,4 % en données comparables, en raison essentiellement des fortes ventes de la saga de Stephenie Meyer début 2010)... *« Le dynamisme des ventes de livres numériques est notable : + 88 % par rapport au 1er trimestre 2010, représentant de l'ordre de 22 % du chiffre d'affaires aux États-Unis et 5 % au Royaume-Uni. Ce phénomène est la conséquence du niveau très élevé des ventes de liseuses numériques en fin d'année. »*

Hé oui, quand les liseuses se vendent, les ebooks suivent !

Dans les perspectives de ce document : « *Le livre numérique continuera à progresser aux États-Unis, bien qu'à un rythme moins soutenu qu'au premier trimestre, pour atteindre 15 % à 20 % du chiffre d'affaires. Il pourrait atteindre 5 % à 10 % au Royaume-Uni en 2011.* »

Les résultats du premier semestre étaient donc attendus !
« *Forte progression du livre numérique dans les pays anglo-saxons : aux États-Unis et au Royaume-Uni, le livre numérique représente respectivement 20 % et 8 % du chiffre d'affaires "Ouvrages à destination du grand public" au 1er semestre 2011, soit un doublement en un an.* »

Commentaire très intéressant de l'activité 2011 par Arnaud Nourry : « *Un des défis principaux de l'année consistait à sauvegarder les marges dégagées par les activités numériques pour que la rentabilité globale de Hachette Livre ne souffre pas de la contraction du chiffre d'affaires induit par les prix de vente des e-books (inférieurs de 30 % en moyenne à celui de leurs équivalents imprimés), alors que ceux-ci mordaient largement sur le marché des livres traditionnels.*
Le "découplage" entre le chiffre d'affaires et les marges en numérique a été effectué avec succès. »

Avec un prix inférieur de 30% pour l'ebook par rapport à la version en papier, Hachette conserve des marges appréciées des actionnaires. Les auteurs sourient ?

Le même, en 2013 : « *Un des défis de 2012 était de continuer à contrôler le prix de vente public de nos e-books aux États-Unis et au Royaume-Uni de façon à protéger nos marges, malgré la pression exercée par les plates-formes de vente par Internet. Cette politique, pratiquée par tous les groupes d'édition internationaux, a été contestée par le Département américain de la Justice et par la Commission européenne, qui y ont vu une tentative d'entente sur les prix.*
Un accord à l'amiable a permis de mettre fin au contentieux.
Mais le principal défi de 2012 consistait à trouver le ou les titres susceptibles de prendre le relais de nos best-sellers internationaux de 2011, voire de la série Twilight. Le fait que J.K. Rowling, l'auteure de la saga Harry Potter, ait choisi de faire confiance à plusieurs éditeurs de la branche du Groupe atteste de la capacité de Hachette Livre à attirer les talents les plus réputés et à les publier avec succès sur plusieurs territoires majeurs.
En 2013, Hachette Livre devra continuer à optimiser le retour sur investissement de chaque titre publié, sans renoncer à la diversité éditoriale et à la prise de risque qui sont sa marque de fabrique. »

Pour 2012, http://www.hachette.com/chiffres-cles.html résume :

14 926 nouveautés

7 104 collaborateurs

2 077 millions d'euros de chiffre d'affaires

223 millions d'euros de résultat opérationnel.

Lagardère (versant édition) avance ! La crise, il ne la subit pas... Tout le monde devrait favoriser cette réussite ?

La edistribution

La société Numilog fut créée en avril 2000 par Denis Zwirn : une librairie en ligne mais surtout un prestataire de services B to B : fabrication et diffusion de livres numériques.

En 2008, Hachette Livre a compris l'utilité de cette compétence. Il est parvenu à un accord avec Denis Zwirn, resté à son poste.

Je n'ai trouvé aucune déclaration sur les conséquences pour son approche de ce métier, de la « logique de groupe » dans laquelle il est forcément entré.

Dans *Le Figaro* du 6 mai, Arnaud Nourry commente : « *Il s'agit de préparer l'avenir. Le projet de rachat de 100 % du capital de Numilog ne constitue pas une grosse opération financière. Elle ne se monte qu'à quelques millions d'euros. Mais cette acquisition marque une étape majeure dans notre stratégie numérique. Avec Numilog, notre groupe va se doter d'une infrastructure permettant de distribuer des livres édités par* le groupe, ainsi que par des éditeurs extérieurs, en formats numériques en permettant à chacun de conserver le contrôle de ses contenus. La société a vocation à offrir ses services à tous les éditeurs du marché à l'image du système de distribution des livres sous forme papier existant de longue date au sein de Hachette Livre. »

Question intéressante du Figaro. Oui c'est possible !
- Quel est l'intérêt pour Numilog et son fondateur, Denis Zwirn, de s'adosser à Hachette Livre ?
Arnaud Nourry : - « Numilog est le premier agrégateur de livres numériques francophones et la principale plate-forme de distribution en France, avec une offre de 43 000 titres dans tous les formats, dont une majorité d'édition professionnelle. Le livre numérique compte deux autres concurrents dans l'Hexagone, Mobipocket, filiale d'Amazon, et Cyberlibris. Le marché a été plus lent à se développer que ne l'imaginaient les fondateurs de Numilog en mars 2000. Le téléchargement de livres ne représente pas encore grand-chose. »
Nous pouvons donc concevoir que monsieur Denis Zwirn fut contraint de vendre faute de liquidités ? Peut-être croyait-il aux chiffres de nouveau balancés par monsieur Nourry « D'ici à cinq ans, il pourrait peser entre 1 % et 5 % du marché de l'édition grand public. »
Je me demande même si ces déclarations guère optimistes ne visaient pas à acquérir

« facilement » Numilog. J'ai vraiment l'esprit mal tourné ?

Hachette aurait pu « *se doter d'une infrastructure* » en la créant. Il n'était pas trop tard et la question utile aurait été « pourquoi avoir racheté Numilog plutôt que de créer cette compétence en interne ? » Acheter Numilog, c'était acheter LE distributeur numérique français, supprimer un concurrent. Le grand objectif semble bien avoir été d'en faire l'unique plateforme d'edistribution afin de contrôler le marché et gagner « un peu » sur tout ebook français. Ah si « tous les éditeurs » avaient en eux quelque chose de Lagardère ! Et c'est donc cette perspective qui fut même appuyée en 2009 par le gouvernement Fillon... (si l'on en croit monsieur Gallimard)

Il est à noter qu'à la même époque, Xavier Cazin et Julien Boulnois créaient *Immateriel* avec quelques milliers d'euros... Immateriel devenu l'alternative à Numilog... La nature Internet aussi a horreur du vide. Supprimez un espace du possible et il s'en recrée un ailleurs. Parfois même mieux.
Mais le 16 avril 2012, communiqué de presse : Hachette Livre cède Numilog à Denis Zwirn.

Face à l'évolution du marché du livre numérique en France et pour lui permettre de prendre une place éminente au coeur des outils interprofessionnels, Hachette Livre a décidé de rétrocéder Numilog à Denis Zwirn, son fondateur et Directeur Général.

Numilog, qui demeure un partenaire privilégié de Hachette Livre sur le marché du livre numérique, va désormais pouvoir offrir ses services (distribution de fichiers numériques, vente directe ou indirecte de livres numériques, création et administration des sites de libraires et GSS en marque blanche) à tous les acteurs de la chaîne du livre.

Il semble qu'avec les gros vendeurs, Amazon et Itunes, Hachette Livre passe en distribution directe et qu'elle confie à Numilog la edistribion vers les points de ventes "mineures."

Arnaud Nourry eut droit à sa petite phrase dans le communiqué :
« *Je souhaite que Numilog puisse apporter tout son savoir faire et sa technologie aux projets interprofessionnels importants qui voient le jour, au premier rang desquels la numérisation et la mise à disposition des oeuvres indisponibles du XX° siècle.* »

Quant à Denis Zwirn :
« *L'expérience au sein du groupe Hachette Livre fut très enrichissante pour Numilog. Pionnier du livre numérique en France, nous tournons aujourd'hui une nouvelle page de notre histoire. Cette autonomie offre à Numilog de nouvelles perspectives de*

croissance en lui permettant d'offrir ses services à toujours plus d'acteurs de la chaine du livre, éditeurs ou libraires. »

L'édition chez Lagardère...

« Nous pouvons publier un livre quelques jours après avoir reçu le manuscrit. Nous pouvons faire écrire un livre en quelques semaines par une équipe de rédacteurs, voire en quelques jours. Et nous ne nous en privons pas. »
Certes, ensuite, un hommage aux Livres fut rendu :
« Je ne dis pas que nous, les éditeurs, devrions tourner le dos à tous ces livres d'actualité qui sont si nécessaires à notre équilibre économique et si follement amusants à publier - enfin, quelquefois.

Ce que je veux dire est essentiel à notre survie dans le monde de la culture et à notre contribution à la cause de la démocratie : en cette époque de numérique-roi, le temps est notre allié et devrait être considéré comme un avantage compétitif, et non comme un handicap. Car créées dans le temps long, seuls les livres rendent justice à la complexité, aux nuances et aux émotions qui sont le propre de l'Homme. »

Arnaud Nourry, le 26 avril 2011, à la soirée de gala annuelle du PEN Club american center, New York.

Du contenu pour faire du fric et quelques Livres cautions littéraires… c'est bien cela ?

Quand monsieur Arnaud Nourry s'exprime, il semble nécessaire d'essayer, d'abord, de comprendre la visée des propos : est-ce réellement pour communiquer sa pensée, l'état de la réflexion du groupe Hachette, ou pour endormir des partenaires ou / et concurrents ?

L'auteur de la petite phrase est pourtant déjà très impliqué dans le livre numérique...

Si, en France, au sujet du livre numérique, nous sommes habitués aux déclarations passéistes de monsieur Antoine Gallimard, le Groupe Hachette a assimilé une chose : l'ebook sera une réalité. Et ne comptez pas sur Lagardère pour combattre des moulins à vent : peu importe l'organisation du marché des écrits, pourvu qu'il engrange les bénéfices, semble être la devise.
Depuis 2007, au moins, *Hachette Livre* s'efforce de trouver un modèle économique numérique durable. (Arnaud Nourry dans *Le Monde*, 31 octobre 2009)

Tandis qu'Antoine Gallimard et le SNE cherchent les moyens de maintenir l'édition papier, le groupe Lagardère semble complètement tourné vers la mutation numérique et les moyens de la rentabiliser. Même si quelques « médiatiques show-men » semblent apporter une caution à l'ensemble des confrères sur le « tous ensemble » du combat anti-ebooks. Le livrel ne passera pas par la France. Comme le nuage de Tchernobyl !

Lagardère pragmatique : ainsi, en 2010, quand Antoine Gallimard refusait de signer avec Apple pour l'iBookstore, Hachette Livre s'empressait de le faire.

Ainsi, le 28 juillet 2011 Google et Hachette Livre ont annoncé la signature d'un accord définitif sur les conditions de la numérisation par Google de certaines œuvres en langue française dont les droits sont contrôlés par Hachette Livre.

Contrairement à ses collègues franco-français, Hachette bénéficie de l'expérience américaine, où visiblement il fut débordé par la rapidité de la mutation (en avril 2011, Amazon a commencé à vendre plus d'ebooks que de livres papier alors qu'en octobre 2008, Arnaud Nourry pronostiquait qu'en 2013 *le numérique représenterait 5 % de l'activité de son groupe aux Etats-Unis)* mais s'adapta sans état d'âme. Les analyses, les prospectives, n'engagent que ceux qui les écoutent ! Chez *Hachette Livre* le pragmatisme semble primer. Ce qui n'est pas une faute ! Mais quand les journalistes invitent un dirigeant à s'exprimer, on aimerait plus de répondant, et surtout un rappel des analyses totalement erronées.

C'est un auteur Hachette Livre qui fut le premier, en juillet 2010, à franchir la barre symbolique du million d'ebooks vendus : James Patterson.

Et moins d'un an plus tard, le chiffre de 3 035 713 ebooks vendus était annoncé par Hachette Book Group. Le communiqué précisait « *sur Facebook James Patterson*

compte plus de 1,6 million d'amis, rejoints chaque jour par des milliers d'autres. »
Encore loin de Jésus quand même !

Le livre numérique est déjà très rentable pour Lagardère... une bonne raison de maintenir son modèle économique ?

Un numéro d'équilibriste explique la petite phrase sur l'obsolescence rapide des ebooks ?

D'un côté, donner des gages aux libraires avec des petites phrases contre l'ebook comme ce « *Je voudrais juste ajouter une petite pique : le numérique c'est formidable mais je suis sûr que dans dix ans, tous les livres que vous avez achetés au format numérique, vous ne pourrez plus les lire. Ça s'est passé dans la vidéo, ça s'est passé dans tous les formats de techno. Achetez des livres.* » et de l'autre ne surtout pas rater le train du numérique ?

Frédéric Beigbeder, auteur Lagardère, publia « *Premier bilan avant l'apocalypse* » chez *Grasset* et s'attaqua de la même manière au livre numérique. Exemple sur *Europe 1* de chez Lagardère, le 13 septembre 2011 :
« *Non les écrans c'est pas merveilleux. C'est effrayant, et on l'a vu déjà pour l'industrie du disque : il n'y a plus de disquaire. Voilà ce qui va se passer, les gars : non seulement la disparition de cet objet qui avait six siècles et qui nous a donné le roman moderne, mais aussi la fermeture des librairies, des maisons d'édition, des suppléments littéraires dans les journaux et peut-être la fin de la critique littéraire...* »
En même temps, de nombreux livres de Frédéric Beigbeder sont disponibles en ebook...

Resituée dans ce contexte, la grande déclaration fait moins peur ! Mais le plus souvent les lectrices et lecteurs la prennent, la propagent au premier degré. Devoir de vigilance, d'information aussi chez les écrivains engagés dans la révolution numérique.

Ne pas laisser une idée erronée s'installer...

Il est plus facile de briser un atome que de briser un préjugé.
Albert Einstein.

Oui de nombreux ebooks sont très chers.
Oui les ebooks "verrouillés" par DRM posent "parfois" des problèmes.
Mais non le contenu d'un livre numérique, l'oeuvre, ne sera pas perdu au premier changement de version de votre navigateur internet. Le plus grand risque : la perte de votre matériel. Pour cette raison, je vous conseille d'effectuer sur disque dur externe, CD ou / et clé USB des copies... Simplement, finalement. Et logique.

Alors quels ebooks acheter ?

Un tarif décent : au dessus de cinq euros, un ebook me semble trop cher. Il existe naturellement des exceptions, genre un livre numérique "oeuvres complètes" avec dix romans...

Aucun DRM.

Un format couramment utilisé. PDF, ePub, Kindle.

Quant aux livres numériques des oeuvres libres de droits, ils sont légalement gratuits même si certains essayent de les vendre ! Payer trois euros pour les oeuvres complètes de Maupassant ou Zola n'est pas justifié... La seule justification semble être la peur des internautes que le gratuit soit illégal ! Ou vérolé ! Gardez votre argent pour les oeuvres contemporaines...

Thomas de Terneuve

Thomas de Terneuve est né, à l'édition, en juillet 2012, avec l'idée d'une collection "précisions" dans l'aventure de l'indépendance littéraire enfin possible grâce aux ebooks.
Terre-Neuve est une île, au large de la côte atlantique de l'Amérique du Nord, proche du territoire français de Saint-Pierre-et-Miquelon, mais appartenant à la province canadienne de Terre-Neuve-et-Labrador.

C'est à Terre-Neuve qu'arriva la première expédition viking, vers l'an 1000, accostage considéré comme le premier contact européen avec le Nouveau Monde, ce nouveau monde duquel nous parvient l'ebook.
Terre-Neuve fut aussi la toute première colonie britannique, vers 1497.

Peu de descendants français à Terre-Neuve mais il se parle encore "le français terre-neuvien", dialecte distinct des autres français du Canada.
Je ne suis pas né à Terre-neuve, je n'y ai même jamais marché.

Quant à Saint Thomas, il fut l'un des douze apôtres d'un certain Jésus, qui essaya de convaincre son époque. Ce nom signifie « jumeau » en araméen.
Saint Thomas ne croit que ce qu'il voit. Il refusa de croire en la résurrection du Jésus venu en son absence : « *Si je ne vois dans ses mains la marque des clous, et si je ne*

mets mon doigt dans la marque des clous, et si je ne mets ma main dans son côté, je ne croirai point. » Lors de son passage suivant, Jésus lui aurait balancé : « *Parce que tu m'as vu, tu as cru. Heureux ceux qui n'ont pas vu, et qui ont cru !* »

Ce Thomas de Terneuve est plus que mon jumeau : une autre face du moi incertain. Je crois en la révolution numérique, j'y participe même. Certains n'y croiront qu'après l'avoir vue...

Vos observations

Vos observations, réactions, compléments d'informations, et même corrections :
http://www.99cents.fr
Le portail des ebooks à 99 centimes d'euros.

Stéphane Ternoise

Stéphane Ternoise est né en 1968. Il publie depuis 1991. Il est depuis son premier livre éditeur indépendant. Thomas de Terneuve est un pseudonyme créé en juillet 2012.

Dès 2004, il a proposé des livres numériques, en PDF. Mais c'est en 2011 seulement que les ventes dématérialisées ont démarré. Son catalogue numérique (depuis mi 2011 distribué par Immateriel) a ainsi rapidement dépassé celui du papier, grâce à des essais, des livres de photos... tout en continuant la lente écriture dans les domaines du théâtre et du roman. Depuis octobre 2013, et son « identifiant fiscal aux États-Unis », son catalogue papier tend à rattraper celui en pixels.
http://www.livrepapier.com ou
http://www.livrepixels.com

Il convient donc de nouveau d'aborder l'auteur sous le biais de l'œuvre. Ainsi, pour vous y retrouver, http://www.ecrivain.pro essaye de fournir une vue globale. Et chaque domaine bénéficie de sites au nom approprié :
http://www.romancier.net
http://www.dramaturge.net
http://www.essayiste.net

http://www.lotois.fr

Vous pouvez légitimement vous demander pourquoi un auteur avec un tel catalogue ne bénéficie d'aucune visibilité dans les médias traditionnels. L'écriture est une chose, se faire des amis utiles une autre !

Catalogue (le plus souvent en papier et numérique, parfois uniquement les pixels, le travail de mise en page papier demandant plus de temps que d'heures disponibles)

Romans : (http://www.romancier.net)
Ils ne sont pas intervenus (le livre des conséquences) également en version numérique sous le titre Peut-être un roman autobiographique
La Faute à Souchon ? *également en version numérique sous le titre* **Le roman du show-biz et de la sagesse (Même les dolmens se brisent)**
Liberté, j'ignorais tant de Toi également en version numérique sous le titre Libertés d'avant l'an 2000)
Viré, viré, viré, même viré du Rmi
Quand les familles sans toit sont entrées dans les maisons fermées

Théâtre : (http://www.theatre.wf)
Théâtre peut-être complet
La baguette magique et les philosophes
Quatre ou cinq femmes attendent la star
Avant les élections présidentielles
Les secrets de maître Pierre, notaire de campagne

Deux sœurs et un contrôle fiscal
Ça magouille aux assurances
Pourquoi est-il venu ?

Amour, sud et chansons
Blaise Pascal serait webmaster
Aventures d'écrivains régionaux
Trois femmes et un amour
La fille aux 200 doudous et autres pièces de théâtre pour enfants
« Révélations » sur « les apparitions d'Astaffort »
Jacques Brel / Francis Cabrel (les secrets de la grotte Mariette)
Théâtre 7 femmes 7 comédiennes - Deux pièces contemporaines
Théâtre pour femmes
Pièces de théâtre pour 8 femmes
Onze femmes et la star

Photos : (http://www.france.wf)
Montcuq, le village lotois
Cahors, des pierres et des hommes. Photos et commentaires
Limogne-en-Quercy Calvignac la route des dolmens et gariottes
Saint-Cirq-Lapopie, le plus beau village de France ?
Saillac village du Lot
Limogne-en-Quercy cinq monuments historiques cinq dolmens
Beauregard, Dolmens Gariottes Château de Marsa et autres merveilles lotoises
Villeneuve-sur-Lot, des monuments historiques, un salon du livre... -Photos, histoires et opinions
Henri Martin du musée Henri-Martin de Cahors - Avec visite de Labastide-du-Vert et Saint-Cirq-Lapopie sur les traces du peintre
L'église romane de Rouillac à Montcuq et sa voisine oubliée, à découvrir - Les fresques de Rouillac, Touffailles et Saint-Félix

Livres d'artiste (http://www.quercy.pro)
Quercy : l'harmonie du hasard - Livre d'artiste
100% numérique

Essais : (http://www.essayiste.net)
Le manifeste de l'auto-édition - Manifeste politico-littéraire pour la reconnaissance des écrivains indépendants et une saine concurrence entre les différentes formes d'édition
Écrivains, réveillez-vous ? - La loi 2012-287 du 1er mars 2012 et autres somnifères
Le livre numérique, fils de l'auto-édition
Aurélie Filippetti, Antoine Gallimard et les subventions contre l'auto-édition - Les coulisses de l'édition française révélées aux lectrices, lecteurs et jeunes écrivains
Le guide de l'auto-édition numérique en France (Publier et vendre des ebooks en autopublication)
Réponses à monsieur Frédéric Beigbeder au sujet du Livre Numérique (Écrivains= moutons tondus ?)
Comment devenir écrivain ? Être écrivain ?
(Écrire est-ce un vrai métier ? Une vocation ? Quelle formation ?...)
Amour - état du sentiment et perspectives

Ebook de l'Amour
Copie privée, droit de prêt en bibliothèque : vous payez, nous ne touchons pas un centime - Quand la France organise la marginalisation des écrivains indépendants

Chansons : (http://www.parolier.info)
Chansons trop éloignées des normes industrielles
Chansons vertes et autres textes engagés

Chansons d'avant l'an 2000
Parodies de chansons
De Renaud à Cabrel En passant par Cloclo et Jacques Brel

En chti : (http://www.chti.es)
Canchons et cafougnettes (Ternoise chti)
Elle tiote aux deux chints doudous (théâtre)

Politique : (http://www.commentaire.info)
Ce François Hollande qui peut encore gagner le 6 mai 2012 ne le mérite pas (Un Parti Socialiste non réformé au pays du quinquennat déplorable de Nicolas Sarkozy)
Nicolas Sarkozy : sketchs et Parodies de chansons

Bernadette et Jacques Chirac vus du Lot - Chansons théâtre textes lotois
Affaire Ségolène Royal - Olivier Falorni Ce qu'il faut en retenir pour l'Histoire - Un écrivain engagé, un observateur indépendant
François Fillon, persuadé qu'il aurait battu François Hollande en 2012, qu'il le battra en 2017 (?)

Notre vie (http://www.morts.info)
La trahison des morts : les concessions à perpétuité discrètement récupérées - Cahors, à l'ombre des remparts médiévaux, les vieux morts doivent laisser la place aux jeunes...
Cahors : Adèle et Marie Borie contre Jean-Marc Vayssouze-Faure - Appel à une mobilisation locale et nationale pour sauver les soeurs Borie...

Jeux de société
http://www.lejeudespistescyclables.com
La France des pistes cyclables - Fabriquer un jeu de société pour enfants de 8 à 108 ans

Autres :
La disparition du père Noël et autres contes
J'écris aussi des sketchs
Vive les poules municipales... et les poulets municipaux - Réduire le volume des déchets alimentaires et manger des oeufs de qualité

Œuvres traduites :
La fille aux 200 doudous :
- *The Teddy (Bear) Whisperer* (Kate-Marie Glover) - Das Mädchen mit den 200 Schmusetieren (Jeanne Meurtin)
- Le lion l'autruche et le renard :
- How the fox got his cunning (Kate-Marie Glover)

- Mertilou prépare l'été :
- The Blackbird's Secret (Kate-Marie Glover)

- *La fille aux 200 doudous et autres pièces de théâtre pour enfants (les 6 pièces)*
- La niña de los 200 peluches y otras obras de teatro para niños (María del Carmen Pulido Cortijo)

Table

Mentions légales

Tous droits de traduction, de reproduction, d'utilisation, d'interprétation et d'adaptation réservés pour tous pays, pour toutes planètes, pour tous univers.

Site officiel : http://www.ecrivain.pro

Edition revue et actualisée en décembre 2013.

Dépôt légal à la publication au format ebook du 10 août 2012.

Imprimé par CreateSpace, An Amazon.com Company pour le compte de l'auteur-éditeur indépendant.
livrepapier.com depuis décembre 2013

ISBN 978-2-36541-491-3
EAN 9782365414913

www.ingramcontent.com/pod-product-compliance
Lightning Source LLC
Chambersburg PA
CBHW071757200326
41520CB00013BA/3288